Für meine Herzensnahen

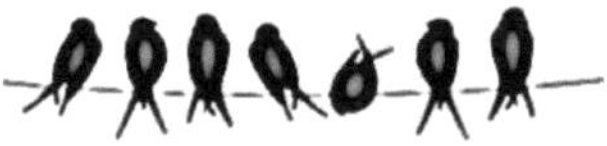

Mia Mondstein

Liebe ist wie Mathe

-- kompliziert --

Bibliografische Information der Deutschen
Nationalbibliothek

Die Deutsche Nationalbibliothek verzeichnet diese
Publikation in der Deutschen Nationalbibliografie,
detaillierte bibliografische Daten sind im Internet
über http://dnb.dnb.de abrufbar

Lektorat / Korrektorat: Theo Ostermann
Grafik / Bildquellen: pixabay / Mia Mondstein

Herstellung und Verlag:
BoD – Books on Demand, Norderstedt
ISBN: 978-3-7526-6868-1

Anders

heut' Abend ist Alles so anders
heut' Abend will ich dich sehen
heut' Abend kannst du mir sagen
wie zwei Menschen sich verstehen

ich warte nicht mehr bis du da bist
ich warte niemals mehr
kein Weltenzauber macht mich reicher
als deine Wiederkehr

heut' Abend ist Alles so anders
wenn ich deine Nähe fühl
in meinem Herzen sei nun ewig
der Augenblick im Menschengewühl

Es gibt sie

nicht immer nur davon reden
geh auf die Straße
denn es gibt sie tatsächlich
die Liebe

in den Augen deiner Nachbarn
im Verkehrslärm dieser Stadt
in Gesten und Wünschen
derer die dir begegnen
du musst nur lächeln

und genauer hinschauen

Auf dem See

Bei mir gab's gestern Abendbrot
ich machte dir ein Angebot
und nun haben wir's getan
Zeuge ist ein weißer Schwan

Zum Aasee hin, so war mein Plan
nein, das ist kein Ozean
auf diesem Wasser droht kein Riff
komm, besteigen wir ein Schiff

Na ja, Schiff?
es ist ein Kahn
zum selber rudern mit Elan
dein Gesicht … es wird ganz rot
treiben lassen das Gebot

Sieh am Ufer dort den Farn
gemeinsam zieh'n wir unsere Bahn
dann dunkle Wolken, Regen droht
zu spät verlassen wir das Boot

Der Kahn liegt dort, wo er mal war
ich tief in deine Augen sah
so eine Schiffstour hat ja was
ist man am Ende auch klatschnass

Bemühung

ich hab redlich mich bemüht
an dir vorbei zu schauen

ich hab redlich mich bemüht
dir fern zu bleiben

deine Augen
ziehen mich in deinen Bann
und ich weiß nicht
bin ich schuld daran

und so komm' ich dir entgegen
warum schaust du so verlegen

und wenn ich nachts nicht schlafen kann
schreit mein Herz nur noch Alarm
zieh' um die Häuser dann und wann
mit Unmöglichkeit im Arm

ich hab redlich mich bemüht
dir fern zu bleiben

ich hab redlich mich bemüht
nicht zu dir hin zu schauen

doch jetzt kommst du mir entgegen
und du schaust mich an
meinetwegen

Blick

dein Blick
geht nicht vorbei
er ist bei dir
und du kannst sein
wer du sein willst

dein Blick
der hat es mich gelehrt
dass ich bei dir
der sein kann
der ich bin

Herzmaß

leg kein Maß an meine Worte
wenn ich sag': "Ich liebe dich"
träum dich nicht an ferne Orte
wo einst die Liebe von dir wich

schau nur tief in meine Augen
du siehst meines Herzens Grund
du allein raubst meine Sinne
machst mein Leben strahlend bunt

Nur mal gesagt

dass du es weißt
du wirst von mir begehrt und geliebt

dass du es weißt
dass du der bist der immer wieder vergibt

dass du es weißt
dass du einer wie keiner bist

dass du es weißt
ich bin die die dich in Leidenschaft vermisst

dass du es weißt
dass du der bist der mich berührt

dass du es weißt
dass du der bist der mich verführt

dass du es weißt
dass ich die bin die dich umschwirrt

dass du es weißt
dass du der bist der mich verwirrt

Deine Stimme

ich erkenne sie
unter tausend anderen
wenn ich sie höre
klopft mein Herz schneller

ich hab dann dieses Gefühl
von Wärme und Zärtlichkeit
tief in mir

es ist deine Stimme

es ist ihr Klang
ihr warmer Ton
sie klingt so sanft für mich
wie südliche Winde

es ist deine Stimme

Tag und Nacht
möcht ich sie hören
denn sie gibt mir
Vertrauen Mut und Kraft

ich bin nicht allein
hör ich deine Worte
und deine Stimme
nah bei mir

Die Frage

Willst DU MICH?
Dann lassen WIR es kochen
auf großer Flamme
bis WIR verglühen

Willst DU MICH?
Nimm meine Hand
bei Eis und Kerzenschimmer

Willst DU MICH?
Dann komm zu MIR
und sag MIR nur ein Wort
das Wort, das ICH ersehne

Willst DU MICH?
Dann nimm den Kuss
und mehr
denn ohne UNS
wird alles nur noch schlimmer

Willst DU MICH?
Dann komm und tu UNS gut
die Lust geht nie verloren
ICH will nicht länger
auf DICH warten

Willst DU MICH?
Dann nimm MICH doch
Lass UNS endlich unendlich
in diese UNSERE Träume starten

Vielleicht
dass DU noch überlegst
Vielleicht
dass DU erbebst
um aller Himmel Willen
Vielleicht …

Komm
will MICH doch

DU könntest endlich frei sein
Sei frei mit MIR
gehe ein den Tausch
und tanz' mit MIR in tiefem Rausch

Denn ich will DICH
DICH pur ganz nackt
nur Herzschlag sei der Lebenstakt

Willst DU MICH?
Dann nimm MICH doch
und zwar für immer

Nun?
Willst DU auch MICH?

Ich liebe DICH
und

wie liebst DU MICH?

Schwanengesang

Du regst mich auf
du machst mich an
was hab ich alles schon getan
damit du einmal
mich nur siehst

Du willst es nicht
ich weiß es ja
und doch
stehst du bei mir ganz nah
steht still mein Herz
und auch mein Atem wagt es nicht

Nur flüchtig sind sie
die Momente und deine Finger
die mich streifen im Vorübergehen
ich schließ' die Augen
„Halte mich" erfleht mein Ganzes
ohne Worte

Du willst es nicht
ich weiß es ja
und doch
dein Duft von Haut und Haar
einsaugen möcht' ich ihn
dass er den Atem mir ersetze

Wie oft hab ich dich angeschrien
doch nur aus Zweifel Emotionen
mit allen Kräften die dort wohnen
in mir
die du geweckt

Du willst es nicht
ich weiß es ja
doch ist es auch so herzensklar
unmöglich ist dass ich vergesse

Du willst es nicht
ich weiß es ja
doch jede Nacht im Traum fürwahr
ein Lächeln nah
so singst du leise
ein Lied für mich allein

So sehr ich hoffte
dass du bliebst hier
es schmerzt
ich sehne mich nach dir
doch muss dich gehen lassen
durch unbekannte Gassen

Ich stehe in der Tür noch lang
und seh' dir nach
mein Leben
verstummt ist deiner Schritte Klang

Schwanengesang

Einladung

Wenn du willst
erzähl mir von dir
ich hör dir zu
wenn ich auch manchmal viel zu laut bin
lass uns ein Stück des Weges
gemeinsam gehen

Wenn du willst
dann lege deinen Arm um mich
wenn du einmal
nicht mehr reden kannst
schweige dich aus
schweig dich aus bei mir

Wenn du willst
schenke ich dir meine Tage
und die Nächte auch
ich schaue dich an
und sehe deiner Stille zu

Wenn du willst
lade ich dich ein
bei Brot und Wein
ein Menschenleben lang
zu teilen

Ewige Bande

Als du noch klein warst
lang ist' s her
da fiel dir Manches noch sehr schwer
wer band dir dann die Schuhe zu
war für dich da
kam nie zur Ruh
strich auf dein Brot extra viel Butter
Mutter

Nun bist du groß
du hast studiert
und keiner deinen Kram sortiert
du kochst und putzt nun ganz allein
im Leben muss das halt so sein
besuchst du dann mal deine Mutter
dann freut sie sich
es gibt viel Futter
du kriegst vom Braten das größte Stück
genieß dein Glück

Ewigkeit

ich möcht' gern deine Klarheit sein
und wir sind nicht mehr so allein
für eine kleine Ewigkeit
ich bin bereit

woher wir immer kamen
das müssen wir nicht sagen
und dass ich traurig bin
nur du verstehst den Sinn

dem Wahnsinn bin ich oft so nah
in größter Not da bist du da
und gibst mir deine Hand
dein Blick hat mich gebannt

und wenn ich mich verbergen will
verborgen bin ich in dir
still

ich liebe dich und will dir danken
mag deine Ecken und die Kanten

auch wenn ich weiß
es darf nicht sein
so lass ich mich gern darauf ein

am Morgen durch die Äste bricht
das Sonnenlicht

Flussliebe

Sie steht am Fluss und schaut zu ihm
dort auf der andren Seite
und ruft:
„Mein Herz
bei jedem Schritt
ich dich im Traum begleite"

Er antwortet:
„Ach du mein Schatz
wie gern würd' ich dich spüren
wie gerne würd' ich heute Nacht
dich hier zum Tanze führen"

und Sie:
„Ach du
wenn ich ein Vöglein wär
ich könnte zu dir fliegen
und würde noch in dieser Stunde
in deinen Armen liegen"

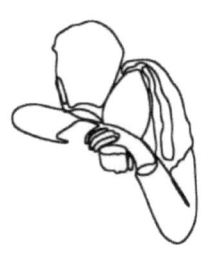

Geheimnis

du hast mir verzaubert mein Herz und den Sinn
ich find' keine Ruhe wo immer ich bin
ich muss an dich denken bei Tag und bei Nacht
dein Blick und dein Wesen
haben verrückt mich gemacht

du gingst nur vorüber
wir schauten uns an
wir schwiegen
doch seitdem schreit mein Herz nur noch
WANN

doch stehst du dann vor mir
verlier' ich kein Wort
du lächelst mich an
und dann
gehst du fort

(inspiriert von „Du" - Verfasser unbekannt)

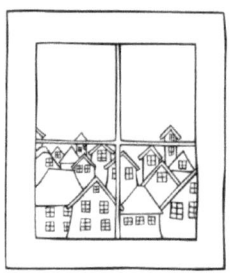

Friedlich

das was bleibt und was noch kommt
wer vermag es schon zu sagen
du stehst in der Küche
und kochst für uns einen Tee
es ist noch früh am Morgen
und du lächelst ohne Fragen

heute ist es wieder mal soweit
wie jeden Tag
geht das Jahr ins Land
an kalten Küssen fast erstickt
doch kein Blick der die Zukunft trübt
in stillen Nächten haben wir uns
ohne unser Zutun geliebt

denkst du genauso wie ich
wenn es zwischen uns Frieden geben kann
dann gib mir still deine Hand
denn wo das Schweigen lebt
dort schweben gute Geister durch grünes Land

ein leiser Hauch von deiner Haut fliegt zu mir
viel mehr brauche ich nicht
um mich zu spüren
nur ein Wort von dir
und ich gehe mit dir ohne Zögern
dorthin wo Menschen wohnen
die das Glück berühren

Feuer

Knisternde Stille
das Lachen verklungen
die Feier ist aus
die Lieder gesungen
nur du und ich
im flackernden Licht
der schmelzenden Kerzen

Der Abend erfüllt war
mit Freundesscherzen
dein Blick
Funkenflug
der brennenden Herzen
ich spüre das meine
so laut wie noch nie
voll Sehnsucht es schrie

Du kommst auf mich zu
so Atemhauch-nah
dies hab ich gewünscht mir
seit ich dich sah
ich blicke dich an
wir brauchen kein Wort
die Lust, das Begehren
trägt gemeinsam uns fort

Ich sehe das Feuer
in deinen Augen
Ach pack mich doch
heut Nacht
will ich alles dir glauben

Ich spür deine Hitze
meine innere Glut
komm mir so nah
wie noch nie
denn wir tun uns so gut

Herzgefühl

Menschen die mit großem Herzen
Jedermannes helfend' Hand
lindern manche Seelenschmerzen
leben meistens unerkannt

sie stell'n sich nicht ins helle Licht
unscheinbar im Menschgewühl
trocknen sie Tränen im Gesicht
geben der Traurigkeit Asyl

sie zeigen dir ganz neue Wege
wenn du dich verlaufen hast
und hat dich alle Welt verstoßen
laden sie dich ein als Gast

manchmal ist es nur ein Lächeln
manchmal ist es nur ein Blick
und du spürst es kommt von Herzen
voll Gefühl
ein kleines Glück

Hör mal

Mensch hör doch mal zu

ich hab dir was zu sagen
und klingt es auch ein wenig schräg

Mensch hör doch mal zu

auf diesem Weg
da ist Musik drin
die vorwärts treibt
da ist Musik drin
die so nur das Leben schreibt

Mensch hör doch mal zu

ich sah dich an
da ist´s geschehen
du musst nie mehr alleine gehen
in deinen Augen mit diesem Glanz
seh' ich ein Leben wie im Tanz

Mensch hör doch mal zu

Musik und Träume sind so schön
und eines Tages wirst du seh'n
wie und was
des Lebens Sinn
es ist ganz viel Musik darin

Mensch hör doch mal zu

Grün

ich schick dir ein Licht in Grün
heut' an diesem Tag
schicke dir ein Licht in Grün
zeige dir wie ich dich mag

ich hab dich Freund so sehr vermisst
ich weiß wie hart es draußen ist
kompatibel zu sein und doch kein Zuhaus
draußen so kalt und der Ofen ist aus

komm doch mit ich zeig dir was
das du bisher nicht hast erfasst
und was du noch nicht wusstest

denn in dieser Nacht
wirst du nicht einsam sein
in dieser Stunde gedenk ich dein
und mein Herz sendet Nachricht
der graue Schleier zerbricht
und ein leuchtendes Lächeln
verwandelt das Gesicht

warm das Zuhause
der Sinn der wird klar
Gefühle und Hoffnung
die Kraft die mal war
all das kehrt zurück

komm doch mit ich zeig dir was
das du bisher nicht hast erfasst
und was du noch nicht wusstest

aus kleinem Samen wird ein Baum
so wie du wächst mit deinem Traum
der hoch dich trägt zum Regenbogen
und sanft dich wiegt wie Meereswogen
Gedanken und Träume und viele Ideen
mit neuem Mut immer nach vorne sehen

wie eine Schlacht so ist das Leben
mutig voran im ewigen Streben
so sende ich dir in Grün heut ein Licht
und dann halte inne
schau in mein Gesicht

komm doch mit ich zeig dir was
das du bisher nicht hast erfasst
und was du noch nicht wusstest

heute bist du nicht allein
und du wirst es nie mehr sein
wenn du die Wahrheit erst erkennst
und wenn du selbst dein Schicksal lenkst

ich schick dir ein Licht in Grün
heut' an diesem Tag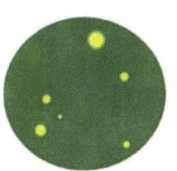
schicke dir ein Licht in Grün
zeige dir wie ich dich mag

Ins Nichts

was
soll ich sagen
du lässt mich schweigen

wie
soll ich dir Hoffnung machen
ich kann es leider nicht
denn du bist mir zu sauber
und viel zu glatt

warum
gehe ich nicht einfach
und schließe die Tür

wo
soll ich hingehen
dein Bild verfolgt mich überall

der Haken ist
ich liebe dich

die Wahrheit ist
ich brauche dich

ich
würde dir bis in alle Höllen folgen
und wenn es sein muss
sogar in das Nichts
um mich aufzulösen
damit es endlich Frieden gibt

Internet-Glück

so weit von hier
und doch so nah
ein Bild nur
welches ich hier sah
und mehr von mir sahst du auch nicht
doch schien es dir so wie ein Licht

des Nachts schriebst du
fühlst dich allein
doch einsam sollte niemand sein
so send' ich Grüße
ein Gedicht
den Blick ich in die Ferne richt'

aus kleinem Samen wird ein Baum
du wächst mit deinem innig' Traum
der hoch dich trägt zum Regenbogen
und sanft dich wiegt wie Meereswogen
Gedanken Träume und Ideen
mit neuem Mut
du wirst es sehen

im Chat da bist du nie allein
ist virtuelles Glück auch klein
wenn du was wahr ist dann erkennst
und mutig eignes Schicksal lenkst

Meine Burg

Du meine Festung meine Burg
ich klopfe an deine Tür
ich komme aus der Seelenwüste
gib doch zu Trinken mir

In meinem Kopf da dreht sich
um dich ein Karussell
um deine Liebe kämpfe ich
und werde zum Rebell

Spürst du in mir das Beben
komm sei mein Seismograph
du bist mein schönster Traum
und bringst mich um den Schlaf

Ein Blick aus deinen Augen
ist mir mein höchstes Gut
erscheint mir wie ein Anker
in grauer Alltagsflut

Erwärm du meine Stille
mit Worten deck mich zu
lass Hand in Hand uns gehen
auf unsere Zukunft zu

So zärtlich deine Hände
ich streck' mich danach aus
errett' mich aus der Leere
mein Herz sei dein Zuhaus'

Kein Wort von Liebe

ich habe deine Augen leuchten gesehen
voll Zärtlichkeit in der Nacht

deine Hände machen nichts ungeschehen
doch geben sie mir Hoffnung sacht

deine Küsse geschmeckt wie Honig und Wein
danach wurd' ich süchtig
du wecktest mein Sein

und kannst du nichts sagen
von Liebe kein Wort
so sag nur dies Eine:
Ach geh heut' nicht fort

heiß sind die Tränen
wie Lava die Glut
Komm
lehn' dich an mich
und tu' mir so gut

Kalte Hölle

keine Hölle ist so kalt
wie dein Lachen

du wolltest Liebe
doch kurz vor dem Erwachen
hast du dich zu mir umgedreht
und gesagt: „Das war es nun!"
und ich …?

ich kann dich nicht mal dafür hassen
denn deine Schnitte ins eigene Fleisch
sind zu tief

nackt bis auf die Knochen
hast du vor mir gelegen
ich konnte nicht mehr denken
als ich dich so sah

so habe ich zittrig voller Mut
deine Lippen berührt
die so ausgetrocknet waren
wie der Staub am Wegesrand

dann … voll Erstaunen
sahen wir uns an
Kein Kuss war jemals so heilig
wie der Kuss deines Blickes
auf meiner nackten Haut

keine Hölle war so kalt
wie dein Lachen
doch ich habe es
gehört … gesehen … und geschmeckt

Kein Gestern

Schau dich um
die Welt ist groß
komm wir laufen einfach los
mit einem Lachen im Gesicht
und ein Gestern gibt es nicht

Auch wenn du was vergessen hast
geh nicht noch mal zurück
beginnen wir nun Schritt für Schritt
unser kleines Glück
mit einem Lachen im Gesicht
und ein Gestern gibt es nicht

Mit dem Wind in deinen Haaren
und der Sonne im Gesicht
da vergisst du alle Sorgen
und ein Gestern gibt es nicht

Leise

ich mag die leisen Töne
in deiner lauten Musik
dein Lieben und Leben
deinen Mut
inmitten deiner Angst

ich mag den Frohsinn
in deiner Traurigkeit
ich mag die Ordnung
in deinem Chaos

ich mag es
wie du mich an dich drückst
und mich ach so schüchtern küsst

ich mag wie deine Augen
zu mir sprechen
das Verstehen ohne Worte
ich möchte dich
nie mehr suchen
sondern
dich jeden Tag neu finden.

ich mag dich
wie du
zu mir
bist

Morgenrot

Komm Liebster
sing und tanz mit mir
in dieser Nacht gehör' ich dir
lass uns vergessen diese Welt
sieh über uns das Sternenzelt

Der Wein im Glase
wird schon schal
er küsst mich ganz phänomenal
und es ist so wie ich 's erträumt
der Mond erscheint mir wie ein Freund

Beim Morgenrot bin ich erwacht
das Bett war kalt
vorbei die Pracht
am Spiegel nur ein Zettel hing:
"Das Ganze war nicht unser Ding"

Und in des Baumes Gabel
mit Zweigelein im Schnabel
seh' ich ein Vögelein
und denke: "Der hat's fein!"

Die Schatten lauern in den Ecken
auch wenn sie manchmal sich verstecken
man darf sich nicht ergeben
dem Hin und Her im Leben

Nie gesucht

ich habe dich nie gesucht
immer nur überall erlesen erahnt erhofft
ungehört gefunden
in jeder Zeile
jeder Frage
an jedem Ort

ich drehe meine endlosen Runden
drehe mich um mich selbst
drehe mich um nach einem Gesicht
welches dem deinen gleicht

in jedem Fahrzeug
das an mir vorüberfährt
an jedem Ort den ich aufsuche
zu jeder Zeit welche vergeht
vermute ich dich

ich habe ganz unverhofft
auf dich gewartet
doch noch bist du Du
noch sind Wir nicht.

(Nur) Papier

ich sitze hier
es ist schon vier
im Kühlschrank ist
schon lang' kein Bier

und auf dem Tisch vor mir
da liegt ein Stück Papier

„He du ... ach Mensch kapier'
dass ich bei dir nur frier'
du bist wie ein Vampir
benimmst dich wie ein Tier
verloren ist das WIR"

DAS steht auf dem Papier

wobei ich den Verstand verlier'
und sitze stumm vor dem Klavier
und schrei' „Verzeih du mir"

doch bleibt mir nur von dir
ein kleines Stück Papier

Später

ich werd' dir schreiben keine Reime
kein Wort reicht für dein Hiersein aus
geflüsterte nur ganz geheime
Gedanken wie ein Blumenstrauß

in Spiegelbildern meiner Welt
hab' ich im Traume dich gesehen
wie oft hast du mich schon gefragt
Was wird sein wenn wir einst gehen?
Was bleibt davon dann hier zurück?
Erinnerung an unser Glück

ich werd' dir keine Bilder malen
aus deinem Munde jedes Wort
und deiner Augen helles Strahlen
bringt mich zu buntem Zauberort

Komm
lass uns gehen Hand in Hand
zum Regenbogen und retour
ich gebe dir mein Herz als Pfand
sag' du mit mir dem Glück „Bonjour"

ein Stück für ewig von uns bleibt
Erinnerung an unsere Zeit

Starkes Band

Du stehst mir ohne Fragen
zur Seite ohne Klagen
bist da was ich auch tu
und sprichst stets Mut mir zu
und wenn ich mich verirr'
und stehe neben mir
dann weiß ich, du bist da
ganz still, dem Herzen nah
bereit mich aufzufangen
bis aller Schmerz vergangen

Wir haben uns gefunden
durch starkes Band verbunden
sind wir schon manches Jahr
ein Glück für mich fürwahr
wenn auch das Schicksal mit mir tanzt
mit dir da hab ich keine Angst
du stärkst den Rücken mir
mein Freund
ich danke dir

Seelentanz

wenn du meine Hand berührst
und tastest nach meinen Gedanken
wenn du mich fühlend machst
neigst dich zu mir
dann wird Klang und Melodie
in uns lebendig

Wärme

im Traum gesucht
hast du mich gefunden
auf der Mitte unseres Seins
so werden wir unendlich reich
denn Eines greift ins Andere

in dich hinein
versinkt meine Seele
mit dir innig umschlungen
singt sie Melodien
berauschend wie goldener Wein
im frühen Winter

trommelnde Herzen

unser beider Lied erklingt
hörbar nur in unserer Stille
und wir tanzen beide im Gleichklang
weit die Tonleiter hinauf zum hohen C

alle Farben deiner Töne
wie Sternenregen ineinander fließen
in uns über uns explodierend

Geborgenheit

bebende Glieder glücklich schwelgen
strahlend unsere Leiber
atemberaubt
in deinen Augen versinkend

Steinhart

eines Tags war sie am Rhein
warf Steine in den Fluss hinein
da kam ein Mann im Anzug fein
und lud sie ein auf ein Glas Wein
es war sehr nett im Sonnenschein
und abends ging er mit ihr heim
er sprach: „Heut' Nacht da bin ich dein"
und streichelte nicht nur ihr Bein
sie ließ ihn in ihr Herz hinein

so könnt es gern für immer sein
doch morgens sprach er: „Nein, oh nein,
war nur ein One-Night-Stand, so fein!"
sie weinte
denn das war gemein

Gefühl erstickt wurd' schon im Keim
was er ihr sagte war nur Schleim
sie fiel auf seinen Leim herein
und fühlte sich benutzt und klein
nun ist sie wieder ganz allein

vorbei ist somit dieser Reim
so wenn du findest einen Stein
dann wähle gut und mit Bedacht
dass nachher nicht ein And'rer lacht

Tägliche Liebe

es war an einem schönen Tag
so einer der nicht enden mag
am Morgen schellte laut der Wecker
ich ging zum Fleischer und zum Bäcker

da sah ich dich
im Mensch-Gewühl
und hatte plötzlich dies Gefühl
von Freiheitsdrang tief drin in mir
es zog mich magisch hin zu dir
und ich erfuhr was längst erstickt
dass es auf Erden "Liebe" gibt

das war einmal vor langer Zeit
bin doch auch heute noch bereit
es von Mensch zu Mensch zu geben
Liebe
sie erfüllt mein Leben

Von außen gesehen

rein äußerlich
scheint nichts verändert
doch tief in mir ich traurig war
du fehltest mir
das ist heut' klar
ich kann mein Glück kaum fassen

rein äußerlich
sind wir nicht verändert
die Welt sieht noch genauso aus
doch schwebend
gehe ich durchs Haus
denn alles scheint mir bunter

rein äußerlich
sich nichts verändert
doch spür' ich meines Herzens Schlag
der schneller ist
seit jenem Tag
an dem wir zwei uns trafen

rein äußerlich
ist nichts verändert
und doch ist alles frisch und neu
jede Sekunde
die ich mich freu'
dass du in meiner Nähe bist

und das nicht nur
rein äußerlich

Ufer meiner Träume

ich stand am Ufer meiner Träume
und glaubte
ich könne übers Wasser gehen
doch die Zeit rannte mir davon

ich stand am Ufer meiner Träume
und konnte deine Worte nicht fassen
„Wir werden uns nie wiedersehen"

ich stand am Ufer meiner Träume
und glaubte
wir hätten mit uns das Glück gefunden
doch es versank im Wasser des Lebens

ich steh am Ufer meiner Träume
und wenn du noch willst
dann schwimm hinaus mit mir ein Stück
und lass mich dann zurück
und untergehen

ich steh am Ufer meiner Träume
und drehe mich noch einmal um zu dir
du gehst nach Hause
und die Welt wird stumm

ich steh allein
allein mit mir
hier am Ufer
und ich frier

Ver-rückt

immer wieder das Gleiche
man schaut sich an und denkt sich was
während man Fisch und Eis
und Currywurst verdrückt
und tief sich in die Augen blickt
und am Ende von dem ganzen Spaß
spielt man dann ver-rückt

da ist noch Dies
da ist noch Das
da kommt noch Der
da geht noch Die
da kommt doch noch Was

weißt du noch Wo
weißt du noch Wie

Singst du nun leise vor dich hin
so sag doch einfach
„Bleib' noch hier"

denn
Das wünsch ich mir so sehr
von dir

aber du
lachst mich nur an

Entgleist

Heute Morgen so um 8
lief meine Spur in Alltagsbahnen
und ich hätte nie gedacht
was mir würde widerfahren

Schnell kamst du da auf mich zu
hast mich überrannt
und eh ich wusste was geschah
war deine weiche Hand in meiner
und mein Herz verloren
dabei hatt' ich mir geschworen
dass nur Verstand mein Leben lenkt
doch kommt es anders als man denkt

Heute Morgen so um 8
lief meine Spur in Alltagsbahnen
und ich hätte nie gedacht
was mir würde widerfahren

Du hast mich angelächelt
und warst auf einmal nah
nun stehen wir beiden da
in dieser dunklen Nacht
du hast mich sanft mit deinen Blicken
um den Verstand gebracht

Heute Morgen so um 8
lief meine Spur in Alltagsbahnen
und dann ...
bist du mir widerfahren

Wer du bist

Am Anfang waren das Wort
und ein Augenblick
und diese Stimme
die nicht nur mein Ohr
sondern auch mein Herz berührte

Worte waren der Anfang
und Worte waren das Ende
denn wir waren Gefangene
unserer Abhängigkeiten

Du warst der Wind der übers Meer bläst
Du warst die Woge aus der Tiefe
Du warst das Donnern des Ozeans
Du warst der Falke auf der Klippe

Du warst der Strahl der lichten Sonne
der sich glitzernd im Wasser widerspiegelt

Du warst die grünste aller Pflanzen
Du warst der wildeste Eber im Dickicht
Du warst der Lachs im Fluss
Du warst der See in der weiten Ebene

Du warst das Wort der Weisheit
das ich im Labyrinth der Unwissenheit vernahm

Du warst der Ruf
der in das Unbekannte lockt

Du warst der schimmernde Stern
Der mir in der dunkelsten Nacht Hoffnung gab

Du bist … Du warst … Du wirst es immer sein

Moment

Komm
lass uns heute Nacht
den Tod vergessen
und stirb mit mir ein kleines Stück

Dieser Moment kommt einmal nur
so endlich ist ein Leben

Komm
sieh mich an
und niemals mehr zurück

Zurück zu mir

das ist der Status quo
und irgendwie da bin ich froh
nun ist die Türe zu
und ich hab endlich Ruh

was du gesagt hast war nicht wahr
es dauerte
doch nun ist's klar
von jetzt an lebe ich autark
denn ich bin endlich wieder stark

ich hätte alles dir gegeben
doch nun hab ich zurück MEIN Leben
du nahmst mir Atem und den Raum
zerstörtest selbst den Liebestraum
und dachtest immer nur an dich
mich aber ließest du im Stich

heute war es nun soweit
du machst dich hier nun nicht mehr breit
ich hab dich rausgeschmissen
hab unser Bild zerrissen
du hast mich lang genug betrogen
mir meine Energie entzogen

ich bin ICH
hab mich getraut
such dir eine andre Braut

Von oben

Auf den Turm wohl hoch empor
wollt ich steigen
doch davor
ich plötzlich meinen Mut verlor
mein Herz schlug heftig schon zuvor
so dacht' ich mir „Ach, sei kein Tor"
und stieg hinauf
obwohl ich fror

Da seh' ich dich
durch das Fernrohr
du stehst dort an dem Gartentor
und Amor singt mir
leis' ins Ohr

So wie die Vögel flogen
die Spinnen Netze woben
die Wolken zogen droben
genau so bin ich abgehoben
als ich dich sah
von oben

Drum klettre ich nun in die Tiefe
und schreib dir viele
liebe Briefe

„Warte mein Schatz!
ich bin gleich unten
und pflück' dir Blumen von den bunten"

Zerrissen

ich habe eine Wut im Bauch
es ist die Wut auf dich und mich

ich habe eine Wut im Bauch
auf unsere Lust
auf die Art zu lieben
mag kommen was da wolle
lachen hassen lügen küssen
niemals fragen
denn unser Pakt ist nicht von dieser Welt

ich habe eine Wut im Bauch
ich könnte dich töten
mit jedem Wort mit jedem Streit
mit jedem One-Night-Stand
und du tust nichts
lächelst mich nur an
und ich bin am Boden

ich habe eine Wut im Bauch
die nichts mehr verzeiht
die Schlacht hat begonnen
unsere Gedanken von diesem Gift verwirrt
unter unserer Haut brennt ein Feuer
in der Agonie unserer Träume
verzehren wir uns
im Hier und Jetzt

ich habe eine Wut im Bauch
messerscharf
doch sie tut so gut
komm schon her
wovor hast du Angst?

komm nur her
halt mich und töte mich
in der Hölle dieser Wut
mit deinen Blicken
alles kannst du haben
und noch mehr
mit dieser Wut im Bauch
verlieren wir alle Scham

ich habe eine Wut im Bauch
denn wir beide sind
im Never-Ever-Niemandsland
und der Stein der dort im Fluss liegt
das bin ich
und du bist die Flut

ich habe eine Wut im Bauch
und Angst
alles wird dunkel um mich herum
und wir gehen unter
im Meer der Sehnsucht
dieses verschlingt den letzten Rest Verstand
bis zur völligen Auflösung
unseres Selbst

ich habe eine Wut im Bauch
es ist die Wut auf dich und mich

und ich flehe um irgendeine kleine Hoffnung
nach jedem messerscharfen Streit
und das im Todeskampf sich windende Herz
kämpft ums Überleben
des Du-und-Ich

Sturm spüren

KOMM oder
GEH
hab ich zu dir gesagt
NIEMALS heimlich und
IMMER treu
doch
TIEF im Innern können wir es
SPÜREN
IRGENDWO zwischen
STURM und
STILLen Wellen
regiert
was Andere
LIEBE nennen

Heimliche Liebe

Du gehörst nicht mir allein
doch kann dies nicht die Träume rauben
mein Herz schreit JA
mein Kopf denkt NEIN
ich kann es fühlen
will's nicht glauben

so sehn ich mich
auch wenn ich fern
und flüstere wohl jede Nacht

„Pass auf, mein Herz
ich würd' dich gern …
Ich denk an Dich
gib auf dich Acht."

Herz-Zeit

keine geile Zeit hier
so allein zu sein
schreib eine einzig' Zeile nur
der Traum bleibt nimmer klein

du bist zu lange auf der Flucht
da ist nur Stille Empathie
schrei raus die sehnsuchtsvolle Sucht
und lebe wie noch nie

und wenn du heiße Tränen weinst
willst aus der Leere fliehen
wenn Hand in Hand sich dann vereint
die Träume herzwärts ziehen

Frage nach Licht

kein Wort von mir in all der Zeit
doch plötzlich stehe ich vor dir
ich habe Angst
denn ohne dich
da würde ich
ganz sicherlich
nur schwarze Löcher in kalte Wände stieren

du hast meinem Leben Liebe gegeben
hast mir gezeigt wie es geht
ohne dich
hab ich viel nachgedacht
und dich so ab und an
mit Frühstück bei Tiffany
in Verbindung gebracht

verzeih mir
denn ich habe in der Zwischenzeit
nach anderen Typen mir den Hals verbogen
du warst in Gedanken
das ist nicht gelogen
durch Höhen und Tiefen
warst du doch immer dabei

ich habe keinen Schwur getan
und habe nicht mit Blut unterschrieben
vielleicht ist es besser so
denn dann wäre mir nicht einmal
meine heiß geliebte Seele geblieben

ich habe deine Lieder von fern gehört
und Menschen gesehen
die vielleicht später
wenn die alten Götter es wollen
an unserer Seite gehen

gern willst du mir vertrauen
doch du kannst es einfach nicht
doch ich hör nie auf zu fragen:

„Machen wir zusammen Licht?"

Spiegelbild
eine Kurzgeschichte in 10 Kapiteln

Das Dorffest

Es ist Frühling, und hier in dem kleinen Dorf gibt es, wie jedes Jahr um diese Zeit, einen Mitternachtsball. Dies ist ein abendliches Fest, wo alle Menschen des Ortes und der näheren Umgebung zusammenkommen. Beim Singen, Tanzen und Schmausen sieht man alte Freunde wieder oder neue Freundschaftsbande werden geknüpft. Bunte Aushänge an den Geschäftstüren, Bushaltestellen und vielen anderen Orten kündigen wie immer seit Wochen dieses Ereignis an. Denn die Verkaufserlöse von Essensmarken, Getränke-Chips sowie die Spenden einiger Geschäftsleute aus der Umgebung kommen dem Waisenhaus am Rande des Ortes zugute. Und heute ist es endlich soweit. Mit Girlanden und bunten Lichtern sind die Bäume rund um den Marktplatz und alle Feststände dort geschmückt. Unter den vielen köstlichen Speisen, die die Frauen des Dorfes liebevoll angerichtet haben, biegen sich fast die Tische. Alle haben ihre schönsten Kleider angezogen, Musik klingt in der Luft, und das Lachen und die Stimmen der Gesellschaft hört man schon von fern.

Und im Tanz auf der Wiese wiegen und drehen
sich die jungen Mädchen mit wehenden Haaren,
bewundert von den Jungen.
Ab und an treffen sich zwei Augenpaare, man
geht aufeinander zu und reicht sich die Hände.

Rotes Haar

Auch eine Frau mit rotem Haar tanzt. Sie trägt
ein grünes Kleid, und um die Hüften hat sie ein
glitzerndes Band gebunden, mit einer Schleife
hintendran. Leicht wie eine Feder bewegt sie
sich über den Rasen, und es scheint manchmal,
als ob sie schwebte. Wie eine Elfe, die des
Nachts über die Wiesen fliegt, um sich dann
sacht wie ein Schmetterling niederzusetzen.
Ihre Haare wirbeln herum, ihre Augen leuchten,
und ihre Wangen haben einen leicht rosigen Ton.
Und wenn sie lacht, klingt es glockenhell.
Vor vielen Jahren wurde diese Frau hier in diesem
Örtchen geboren. Doch sie wollte die Welt sehen
und verließ ihr Elternhaus an dem Tag, als sie
zwanzig wurde. In den ersten Jahren besuchte
sie ihre Verwandtschaft noch, aber als ihre
Eltern beide nicht mehr lebten, kam sie gar
nicht mehr. Über ihr Leben weiß hier niemand
Genaueres. Sie spricht nie darüber, was sie all
die Jahre in der Fremde getan hatte und wo sie
gewesen ist. Aber dann, eines Tages, war sie
wieder da. Und sie blieb.

Seit dem Tage ihrer Rückkehr steht sie mit Rat und Tat jedem zur Seite. Man hört allerorts, dass sie für das Dorfleben hier eine wirkliche Bereicherung ist. Ihr Herz jedoch, das konnte bisher noch niemand hier gewinnen. Stets scheint eine unsichtbare Gefühlsgrenze zu existieren, die zu überwinden unmöglich scheint. Trotz der ihr geschenkten Blumen, der vielen bewundernden Blicke und freundlicher Worte. Doch heute, da tanzt sie mitten zwischen all den Mädchen und Jungen. Und sie lacht.

Die Begegnung

Es ist ein langer schöner Abend. Es wurde viel gelacht, getanzt und gesungen. Nach und nach verlöschen die Lichter, und es wird stiller auf dem Mitternachtsball dort mitten im kleinen Dorf. Man flüstert sich zu, und wie eine wunderschöne Decke liegt der Sternenhimmel über dem Dorfplatz und der Tanzwiese. Still und wachend steht hoch oben der Mond, und im Glas glitzert noch der Wein. Doch nun löst sich die lustige Gesellschaft langsam auf, und man kann Pärchen beobachten, die lächelnd Hand in Hand fortgehen. Einer nach dem Anderen verabschiedet sich, nur die rothaarige Frau steht noch immer da und winkt den Fortgehenden nach, bis diese langsam im Dunkeln verschwinden. Nun wird auch sie sich auf den Heimweg machen.

Sie hat es ja nicht so weit nach Hause, denn sie wohnt in ihrem alten Elternhaus im Dorf.

Wie still es ist! Nur ab und zu ertönt der Ruf eines Waldkäuzchens durch die Nacht. Am Weiher, der am Rande ihres Weges liegt, machen selbst die kleinen Frösche in dieser Nacht offensichtlich eine Gesangspause. Ihre Schritte hallen auf dem Kopfsteinpflaster der alten Straße, die wohl in der Ära des römischen Reiches entstanden sein muss, und sie lauscht in das Dunkel der Nacht hinaus. Vielleicht vernimmt sie ja das leise Rauschen im Wind, wenn der alte Uhu, den sie schon seit Kindertagen kennt, sich zur Jagd aufmacht? Vielleicht raschelt es im Bodenlaub, wenn eine kleine Waldmaus sich vor diesem erfahrenen scharfäugigen Jäger versteckt? „Pass nur auf, mein Kleines!"

Jäh aus diesen Gedanken gerissen schreckt sie plötzlich zusammen, denn nahe des Weges bewegt sich da etwas. Sie zwingt sich genauer hinzusehen, und unter dem Apfelbaum entdeckt sie schemenhaft eine Silhouette, dort an den Stamm gelehnt. Sie will rufen, irgendetwas Energisches sagen. Aber sie bleibt abwartend stumm.

Alex

Zuerst ist es nur ein Schatten, der aber nun ins schwache Licht der Laterne am Straßenrand und dem der Sterne heraustritt. Jetzt erkennt man eine männliche Person, die jetzt mit jugendlichen Schritten auf sie zukommt. Sie scheint größer als sie zu sein und sportlich gewachsen. Eine Strähne von schwarzem strubbeligem Haar fällt dem Mann ins Gesicht, was ihm einen verwegenen Ausdruck verleiht.

Warum hat sie ihn auf der Feier nicht bemerkt? Er ist ihr nicht aufgefallen. Hat er sich vielleicht sogar extra verborgen gehalten? Sie hat ihn hier im Dorf noch nie gesehen. Offensichtlich ist er ein Fremder, der vielleicht nur darauf gewartet hat bis sie allein war! Sie merkt, wie ihre Beine weich werden und ihr Herz anfängt zu rasen. Mit jedem seiner Schritte, die er näherkommt, wird ihr heißer zumute. Und nun steht er direkt vor ihr.

Sie nimmt allen Mut zusammen, blickt ihn frech an und … er lächelt. Seine blauen Augen blitzen schelmisch auf. „Augen wie das Meer - solche, in denen man versinken kann", denkt sie.

"Ich heiße Alex und besuche hier in eurem traumhaften Örtchen einen Freund. Und der meinte, ich solle ruhig mitfeiern. Dieser Mitternachtsball wäre etwas Besonderes.

Ja, das war er, wirklich ein wunderschönes Fest. Aber dass ich danach in aller Stille noch auf ein Wesen wie dich treffe, ahnte ich nicht! Wie darf ich Euch nennen, unbekannte Schöne der Nacht?" Sie senkt ihren Blick und schaut dann wie zufällig

an ihm vorbei, den Weg entlang. Vielleicht
könnte er sonst in ihren Augen lesen, was sie
grade denkt. Sie spürt, wie ihr Blut pulsiert
und ihre Wangen zu glühen anfangen. Doch es ist
zu dunkel, als dass er dies sehen könnte. Mit
leiser Stimme gibt sie ihren Namen preis:
"Marie. Ich heiße Marie." Sie ist über sich
selbst völlig erstaunt, wie sehr dieser Mann sie
verwirrt. Und es ärgert sie ein wenig. Sie ist
doch sonst so taff und schon längst nicht mehr
so leicht aus dem Takt zu bringen!
Und dann vernimmt sie seine geflüsterten Worte:
"Schau doch mal, die Sterne. Ein Zauber liegt
über dieser Nacht! Findest du nicht auch,
Marie?" Er duzt sie einfach! Was für ein frecher
Kerl! Sie will etwas sagen, aber über ihre Lippen
kommt nur ein "Ja, zauberhaft". Und dann
flüstert es wieder in ihr Ohr: "Aber nichts ist
wie du, Kleines!" Ihr Herz will zerspringen, und
ihr wird ganz schwindelig. Er kommt noch näher,
und fast berühren seine Lippen ihr Gesicht.
Eigentlich müsste sie nun etwas erwidern. Sie
sollte sich vielleicht aus dieser Situation lösen und
sich verabschieden. Vielleicht könnte man sich
für einen anderen Tag verabreden.

Die "magische" Nacht

Nein! auch wenn ihr Verstand ihr sagt, dass es
besser wäre, kann sie jetzt nicht einfach gehen

Aber lange hat sie auf einen Moment wie diesen gewartet. Seine Stimme, sein Lächeln kommt immer näher. "Es ist nicht gut, in einer Nacht wie dieser allein zu sein. In so einer Nacht passieren magische Dinge, wie zum Beispiel unser Zusammentreffen." Er hat Recht. Ein Zauber liegt über dieser Begegnung, das muss sie zugeben. Noch nie in ihrem Leben ist ihr so etwas passiert.

Ein Fremder schaut ihr in die Augen, und alle Bedenken lösen sich in Luft auf, alle Vorsätze, ihre emotionale Mauer, welche sie zum Schutz ihrer Seele aufgebaut hatte. Sie kann nur noch flüstern: "Ach Alex!" Wortlos nimmt er sie einfach in seine Arme, und sie lässt es geschehen. Ein Gefühl von Geborgenheit und Zärtlichkeit empfängt sie, und als er sie küsst, ist ihr als schwebte sie dem Sternenhimmel entgegen. Weich lässt sie sich in dieses Gefühl hineinfallen, und sie fühlt, riecht und schmeckt seine Haut. In ihren Adern pocht eine lange nicht verspürte Sehnsucht nach Nähe, und sie lauscht fasziniert seinen flüsternden Worten, die ihr Herz zum Singen bringen. „Ach, wie soll ich es beschreiben? Als mein Blick auf dein süßes Lächeln fiel, habe ich mir gewünscht, dass sich unsere Hände berühren und deine Augen mich nicht mehr loslassen. Eine kleine, süße, mädchenhafte Frau, ein rothaariges Hexchen, eine Elfe mit offenen Augen und sanftem Blick, genau das bist du. Vielleicht bist du auch eine Mischung aus all dem. Ein Zauberwesen eben. Und etwas, wie ich es so noch nie gefühlt habe, hat mich umfasst, erfüllt mich. Alles an dir, alles von dir, dein Lächeln, deine Augen, dein süßes Näschen, dein Duft, deine weiche Haut. Alles zieht mich an. Ich liebe es, von deinem heißen Atem getroffen zu werden. Ich liebe deine weiblichen Formen, den sanften femininen Ton deiner Stimme. Du hast mich in deinen Bann gezogen, und ich kann und will dagegen nichts tun. Es ist so ein weiches intensives Gefühl, wie ich es nicht beschreiben kann. Welch wunderbare Worte. Ihr bleibt das Herz fast stehen voller Glück. Sie kann nur noch hauchen: "Ja, so fühle ich auch!"

Ist er es?

Marie ist zumute als ob sie aus einem Nebel tritt. Seine Stimme und was er sagt erfüllt sie mit einer ungeahnten Wärme. Er stellt die richtigen Fragen! Die Fragen, auf die sie schon so lange gewartet hat, und auf welche die Antworten schon seit Ewigkeiten in ihrem Herzen unausgesprochen aufbewahrt wurden, scheinbar nur für ihn. Sie lächelt ihn an - ihn, der nun endlich zu ihr gekommen sein muss, um sie aus ihrer Einsamkeit zu retten. "Komm!" Atemlos nimmt sie ihn bei der Hand. "Komm mit mir!" Und

lachend rennen sie zusammen durch die engen
Gassen bis hin zu ihrem kleinen Häuschen. Hastig
schließt sie die Haustür auf, und sie und Alex
huschen hinein. Kaum hat sich die Tür hinter
ihnen geschlossen, spürt sie wieder seine Hände,
so weich, so zärtlich und doch so stark.
Streicheleinheiten hüllen sie ein wie eine Decke,
und es scheint ihr, als wenn sie seine Seele
erblicken könne. Eine Seele voller Sehnsucht und
Zerbrechlichkeit, gleich der ihren. Seine Lippen
auf ihrer Haut entfachen ein Feuer in ihr, gleich
einem Sturm, den sie nie erahnt hatte. Als sie,
eng an ihn geschmiegt, erschöpft einschläft,
taucht das Morgenrot die Welt bereits in sein
magisches Licht.

Ein Morgen wie kein anderer

Marie steht im Morgenmantel auf dem kleinen
Balkon ihres Hauses. Man erkennt ihre schlanken
Beine, denn darunter trägt sie nur ein kurzes, mit
schwarzer Spitze besetzten Nachthemd. Sie
schaut von oben über den kleinen blühenden
Frühlingsgarten. All diese Farben und der Gesang
der Vögel. Wie frei fühlt sie sich und wie leicht.
Was für eine Nacht. Sie kann sich nicht erinnern,
dass ihr Herz schon mal so schnell geklopft hat.
Sie atmet tief ein. Dieses wunderbare Fest, der
Tanz und dann noch Alex.
Sie schleicht sich zurück ins Schlafzimmer, und

ihr Blick fällt auf den noch Schlafenden. Sie muss lächeln. Sein Mund, der ihr so viele Küsse geschenkt hat, ist halb geöffnet. Die schwarzen Haare sind ganz strubbelig. Wie ein kleiner Junge sieht er aus! Ihr Blick wird weich, und sie denkt an die geheimnisvolle Begegnung mit ihm. „Tanz mit mir, lach mit mir und vergiss die Welt, Liebste!". Das hatte er mitten in der Nacht geflüstert. War er der, den sie so lange gesucht hatte? Leise geht sie ins angrenzende Bad und wäscht sich. Beim Abtrocknen fällt ihr Blick in den Spiegel. Auch ihre Haare sind noch ganz unordentlich von der Nacht. Der rote lockige Schopf lässt ihr Gesicht mit der Stupsnase noch frecher erscheinen. Niemand, der sie im Moment so sehen könnte, hätte sie für über 40 gehalten. Doch die Lebensuhr tickt nun mal unaufhaltsam weiter. Aber noch hält das Leben so schöne Momente und Erinnerungen als Überraschungen bereit!" denkt sie. Überraschungen wie Alex. Wie alt dieser war, das ist ihr unbekannt. Auf jeden Fall ist er jünger als sie selbst. Aber, das ist ja auch nicht wichtig.

Kaffee?

Maries grüne Augen leuchten, und noch im Tagtraum geht sie langsam die geschwungene, glänzende Holztreppe hinunter ins Erdgeschoss, wo sich die Küche befindet.

Dort stehen Kaffeemaschine, Toaster und Wasserkocher fein säuberlich nebeneinander auf der blau schimmernden Arbeitsplatte bereit. Sie geht zum Küchenschrank und holt eine farbenfrohe Dose mit Kaffeepulver heraus. „Erstmal Kaffee machen! Aber trinkt er überhaupt Kaffee am Morgen?". Nun, eigentlich weiß sie nur wenig, um nicht zu sagen, fast gar nichts über ihn. Aber, das kann sich ja noch ändern. Egal, also Kaffee zubereiten und Teewasser aufsetzen. Für alle Fälle! Und dann stellt sie noch eine kleine handbemalte Holzkiste bereit. Darin befinden sich die Teebeutel verschiedenster Sorten aus der ganzen Welt. Danach nimmt sie aus Schrank und Schublade das notwendige Geschirr und Besteck und deckt den Tisch ein, der sich in der Küchenecke am Fenster befindet. Nun stellt sie fürs Frühstück noch Butter und einige Kleinigkeiten aus dem blauen Chrom-Kühlschrank "Made America" dazu. Aber etwas fehlt noch!
Durch die Hintertür des Hauses geht sie in den Garten, wo sich in der Ecke eine Art "Bio-Wiese" befindet. Dort blühen bunte Feldblumen wie roter Mohn, blauer Männertreu und gelber Löwenzahn, Klee und Gänseblümchen. Sie pflückt einen kleinen bunten Strauß, geht wieder hinein und verteilt die Blumen kreuz und quer auf dem Frühstückstisch. So, nun ist alles bereit, und ihr Liebster kann nun kommen. Also geht sie wieder

hinauf zu ihm ins Schlafzimmer, um ihn zu wecken.

Das Erwachen

"Na, mein Herz", flüstert sie mit samtener Stimme und küsst ihn auf die Nasenspitze. Er öffnet die Augen. „Wie spät ist es?", fragt Alex und wirft einen kurzen Blick auf ihren Wecker, der direkt am Bett auf einem Hocker steht. „Nicht jetzt, Kleines. Ich habe es eilig!" Er wirft das Oberbett und die Kissen zur Seite und springt auf. Dann küsst er die etwas verdutzte Marie flüchtig auf die Wange, und mit einem energischen „Komm, ich will mich in Ruhe anziehen" und einem Klaps auf ihren Po schiebt er sie aus dem Raum.

Sie kann es nicht fassen. Sie wird aus ihrem eigenen Zimmer hinausgeworfen! Ist das derselbe Mann, der letzte Nacht noch so zärtlich und einfühlsam um sie geworben hat? Kopfschüttelnd geht sie zurück in die Küche und schiebt den inzwischen pfeifenden Wasserkessel von der heißen Herdplatte. Die Kaffeemaschine gluckert leise vor sich hin. Marie wartet und lauscht, bis sie seine hastigen Schritte auf der Treppe hört. Aber ehe sie reagieren kann, ist er auch schon im Hausflur und greift nach seiner Jacke. Er kommt nicht mal bis zur Küchentür.

Sie hört sein „Sorry, ich muss los!", und dann ist

da nur noch das Geräusch der zuschlagenden
Haustür. Was war denn das nun? Nicht mal ein
Abschiedswort oder ein letzter Kuss! Kein Blick
zurück oder ein gehauchtes „Wir sehen uns"?
So plötzlich und geheimnisvoll, wie er vergangene
Nacht in ihrem Leben aufgetaucht ist, so ist er
auf einmal wieder verschwunden.

Verwandelt

Marie kann nicht fassen, was sie gerade erlebt
hat. Sie weiß nicht mal den Nachnamen von
Alex, auch nicht den Namen seines Freundes,
den er ja angeblich hier im Dorf besucht hat.
Und ob das, was er ihr erzählt hat, überhaupt
alles so stimmt?!
So sitzt sie wieder allein da. Vor ihr der so
liebevoll gedeckte Frühstückstisch für Zwei.
Ihre Gedanken wirbeln umher wie im Tanz. Es ist
ein Tanz mit den Schatten der Nacht und ihren
Erinnerungen.
Im Apfelbaum direkt vor ihrem Fenster bemerkt
sie ein Rotkehlchen beim Bauen seines Nests.
Offensichtlich ist es ein Männchen. Marie ist
ganz leise, um den kleinen Vogel bei seinem
Werk nicht zu stören. Er hat gerade Federn und
kleine Zweige in seinem Schnabel gesammelt und
hüpft damit Richtung Astgabel. Dort legt er
seine Fracht auf ein immer höher werdendes
Häufchen ab. „Wusch". Immer wieder fliegt er

von dannen, um einen Augenblick später mit neuem Material wieder aufzutauchen. Ablegen und dann nochmal los! Was für ein fleißiges Kerlchen. Zwischendurch sortiert der kleine Piepmatz seine Schätze, bis er zufrieden zu sein scheint. Nun ist alles bereit, und er singt und ruft seine Liebste herbei, lockt sie mit Tanz und Gesang. "Kommt mir irgendwie bekannt vor", denkt Marie. Und sie kann wieder lächeln.

In Gedanken an das Geschehene steht sie langsam auf und geht noch einmal hinauf in ihr Schlafzimmer. Mit ihrer Hand streicht sie über das noch warme Kissen, auf dem noch vor kurzem ihr geheimnisvoller Besuch, Alex, gelegen hat. Sein Geruch scheint noch im Raum zu schweben. Sie seufzt leise und geht ins Bad. Marie steht vor dem großen Spiegel, so als könne sie dort eine Antwort auf ihre Fragen finden. Doch egal wie lange sie auch ihr Spiegelbild darin anstarrt, Erkenntnis findet sie nicht. Das Leben besteht manchmal aus nicht lösbaren Rätseln. So ist das eben, und es bleibt uns Menschen nichts anders übrig als uns damit abzufinden. Marie wäscht sich noch einmal kalt durch ihr Gesicht. Das Wasser mischt sich mit ein paar Tränen. Eigentlich gab es ja nichts zu betrauern. Sie empfand sogar so etwas wie Glück und Freude. Leise lächelnd verlässt sie die obere Etage ihres Heims. Aufräumen kann sie ja später noch! Erstmal zur Ruhe kommen.

Nachdem sie kurz im Keller verschwunden ist, findet nun eine Flasche des roten Weins, den sie so mag, in ihrer Hand den Weg mit ihr in die Küche. Sie zieht den Korken, gießt sich ein Glas ein und setzt sich damit wieder ans Fenster. Die Welt da draußen scheint unverändert. Doch sie sieht diese nun mit anderem Blick. Die Erinnerung an diese magische Nacht und an Alex kann ihr niemand mehr nehmen. Und nächstes Jahr wird wieder ein Mitternachtsball sein, und sie wird wieder tanzen und lachen. Und vielleicht wird sie diesmal ihr Herz einem Mann aus dem Dorf schenken. Wer weiß?!

Ende

Über mich

Immer wenn ich gefragt werde, wer ich bin und
was ich tue, starte ich stets aufs Neue den Versuch
mich und mein Tun näher zu beschreiben.
Doch, wie viele von euch sicherlich aus eigener
Erfahrung wissen, ist solch eine Aufgabe alles andere
als einfach. Ja es ist sogar, meiner Meinung nach,
niemals zufriedenstellend realisierbar. Denn einen
Menschen, eine Persönlichkeit in all ihrem Sein und
Tun gänzlich zu erfassen und zu beschreiben, darüber
haben sich schon sehr viele den Kopf zerbrochen.
Tausende von Büchern wurden zu diesem sehr
philosophischen Thema "Was den Menschen ausmacht"
verfasst.
Doch es bleiben immer Zweifel, ob wirklich alles dabei
erwähnt oder auch nur erahnt wurde.
Denn jeder von uns ist einzigartig, und das
„Mensch-Sein" im Allgemeinen und im Besonderen ist
mehr als kompliziert und sehr komplex.

So folgt meinen Gedankenspuren und versucht doch,
mich zwischen den Zeilen meiner „emotionalen Poesie"
zu entdecken

Ich freue mich auf Euch.

Mia Mondstein

Meine bisherigen Veröffentlichungen

1973
- erste Veröffentlichung - Lyrik-Beitrag
  „Mutter" anlässlich des Muttertages

1979/1980
- erste Handzettel-Entwürfe und Konzepte
  für Werbesprüche und Vorträge während
  meiner Berufsausbildung

1982
- erste öffentliche Erlebnis-Poesie anlässlich
  eines Urlaubs-Erinnerungsabends

1991
- erste eigene Geburtstags-/Gruß-/Auftrags-
  Poesie-Veröffentlichungen - Beiträge in einer
  Radio-Sendung von Antenne Münster

2002
- Vertonung meiner Gedichte "Das Meer"
  und "Mein heimlich Reich" durch Clemens
  Portmann („Die Fantasten")

2014
- mein erster Radio-Beitrag (Elefantenbaby)
  in der Bürgerfunk-Sendung "Strehle un Beis"

2015
- Lyrik-Beitrag "Ansatz" – Anthologie "Zeitlos"
  (Sperling-Verlag)

2016
- Lyrik-Beitrag "Funken" – Anthologie
  "mo(NU)mente" (Sperling-Verlag)
- Lyrik-Beitrag "Herzens-Stimme" – Anthologie
  "neue Wege" (Sperling-Verlag)
- Lyrik-Beitrag "Immer da" – Anthologie
  „SchönwortSchätze" (Lorbeer-Verlag)

2017

- Lyrik-Beitrag: "Gedankenpollen" – Anthologie "Wilde Rosen" (Sperling-Verlag)
- erster eigener Lyrikband "Gedankenpüree" (epubli)
- Lyrik-Beitrag: "Frost" – Anthologie "GoldstaubGalaxie" (Lorbeer-Verlag)
- Lyrik-Beiträge in der monatlichen Bürgerfunk-Sendung "Teetöne" (Mit-Initiatorin und -Moderatorin)

2018

- Lyrik-Beitrag "Verstummt" – Anthologie „Edel Herb Erlesen" (Lorbeer-Verlag)
- Lyrik-Beitrag „Wann" – Anthologie „von Mauern und Grenzen" (Sperling-Verlag)
- zweiter eigener Lyrikband "Seelengemüse" (epubli)
- mein erstes EBook "In den Wind"- Probe-Arbeit (BoD)
- Lyrik-Beitrag "Kopfmelodie" – Anthologie Band XXI (Bibliothek der deutschsprachigen Gedichte)
- neue Lyrik-Beiträge in der monatlichen Bürgerfunk-Sendung "Teetöne"

2019

- Beiträge / Autoren-Portrait - Journal Februar "Schneevergnügen" (SommerWind-Verlag)
- eigene Bürgerfunk-Sendung "Mias wirre Welt" (4teilig) - Lyrik, Musik und Geschichten
- Lyrik-Beitrag "Später"- Anthologie Band XXII (Bibliothek der deutschsprachigen Gedichte)
- neue Lyrik-Beiträge in der monatlichen Bürgerfunk-Sendung "Teetöne"

2020

- Lyrik-Beitrag „An Bord" – Anthologie Band XXIII (Bibliothek der deutschsprachigen Gedichte)
- eigene Bürgerfunksendung "Mias Lyrikwelt" (3 Ausgaben) - Lyrik, Musik und Geschichten
- neue Lyrik-Beiträge in der monatlichen Bürgerfunk-Sendung "Teetöne"
- Lyrik-Beitrag „Gefangen im Ich" – Anthologie Poetica Pandemica" (Lorbeer Verlag)
- mein dritter Lyrikband „Mias Wimmeleien" (Print plus Ebook) – (BoD)
- Beiträge – „Dezemberkalender" Facebook-Gruppe „Das Autoren-Hilfeforum

2021

- neue Lyrik-Beiträge in der monatlichen Bürgerfunk-Sendung "Teetöne"
- regelmäßige eigene Bürgerfunksendung „Mias Lyrikwelt" - Lyrik, Musik und Geschichten

Neue Projekte und Werke sind in Arbeit

Inhaltsverzeichnis

In diesem Jahr 2021 feiere ich ein kleines Jubiläum. Vor 10 Jahren begann ich mich voll und ganz der Poesie, der Schriftstellerei zu widmen. So erschienen meine ersten Lyrikbände nun schon vor einigen Jahren, und daher habe ich hieraus einige Gedichte neu überarbeitet.

Diese sind

aus dem Buch „Gedankenpüree" 2017:

Es gibt sie („Tatsache Liebe")
Die Frage („Willst du mich")
Seelentanz („Berührte Seele")
Internet-Glück („Wie Sterne nah")
Leise („Ich mag die leisen Töne")
Frage nach Licht („In all der Zeit")
Herzmaß
Meine Burg
Kein Wort von Liebe
Nie gesucht
Herz-Zeit

aus dem Buch „Seelengemüse" 2018:

Nur mal gesagt („Dass du es weißt")
Schwanengesang („Du willst es nicht")
Ufer meiner Träume